이생진 시집
무연고

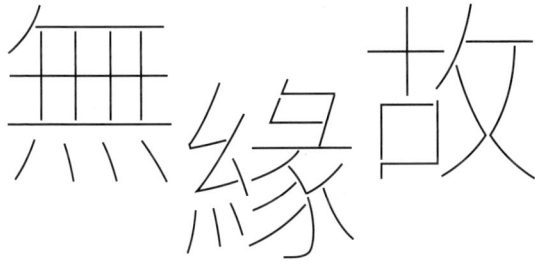

이생진 시집 · 무연고

작가
정신

머리말

나이 90이 되니 알 것 같다
살아서 행복하다는 것과
살아서 고맙다는 것을
그러고 보니 이제 철이 드나 보다
이런 결말에 결론 비슷한 말을 할 수 있는 자신감은 어디서 나왔을까

거기엔 조건이 있다
첫째 건강해야 한다는 것과
둘째 90이 되어도 제 밥그릇은 제 손으로 챙겨야 한다는 것과
셋째 밥 먹듯 시를 써가며 살아야 한다는 것
그리고 제정신으로 걸어가야 한다는 것

나는 말이 막히면 이렇게 농담 섞인 진담을 말한다
'당신도 이런 조건하에 90이 되어 보라
그러면 지금의 나를 알게 될 것이니

그러나 당신도 시를 써가며 90이 된다는 조건하에'
이렇게 말하며 속으로 웃는다
90이 되니 인생 풀코스를 뛴 기분이다
시가 그런 힘을 가지고 있다는 것을 알게 되어 기쁘다

90으로 가는 길목에서 쓴 글이니
늙은 냄새가 많이 풍기는 것은 사실이다
그건 그때 가서 말하면 된다
그 사람이 시를 쓰며 어떻게 살았는지는 그 길로 가고자 하는 사람에게 참고가 되리라 믿지만 그렇게 살라는 강요는 아니다 시인은 언제나 부족한 자리에서 만족해왔으니까

2018년 가을
이생진

차례

머리말	04
출생신고	11
힘의 전달	12
황금찬 선생님	13
100세	15
노인들끼리	16
어느 토요일 밤	17
친구	18
살아 있다는 거	19
오늘이 여기 있다	20
책	21
날씨가 좋다	22
보이스피싱	23
눈 오는 날 할머니는	25
자월도 바닷가	26
우선	27
요만큼만	29
하루	31
나팔꽃 씨	32
심한박	34
가다가	35

소설가 김진명	36
참새구이	37
즐거워라	38
아이 좋아라	39
시 쓰는 남자들끼리	41
병病과 나	43
그 자리	45
늙는다는 거	47
명산 스님	49
설날 아침 무덤 앞에서	50
풍차 같은 풍자	52
신년 생활신조	53
책 세 권 샀다	54
독거노인의 빙판	56
하루 한 편의 시	57
My Way	58
단편소설을 읽다가	60
책을 살 수 있다는 거	61
생자生子	62
웃는 낯	64
말년	65
유혹	67

공부	68
보웬병	69
목욕탕에서 만난 갑장	71
혼자 살기	73
고별인사를 하듯	75
새벽 세 시	76
젊은 의사와 늙은 환자	78
내 삶[生]	79
작은 산을 넘으며	80
010—5101—****	81
사실무근	83
오늘이	84
서산에 해는 지고	86
날품팔이	87
아침 식사	88
봄 생각	90
흐린 날 같은 심정	92
실수	94
극도로 외로워졌을 때	95
알바 시인 초설	96
한갑수의 고슴도치	98
다비아와 디아나	99

시詩와 예禮	100
나가서 걸어야지	101
오수환 화백	103
방구석	104
슬픈 낙원	105
나의 서프라이즈	106
수석에 대한 죄	107
부부 이발소	108
까르페 디엠	109
남의 무덤	111
작은 무덤 큰 무덤	113
무연고	114
열 번째 시	115
마지막 일 년一年	116
조금 남아 있는 햇살	117
2월은 짧다	118
철원 오대미	119
연보	120

출생신고

보신각종이 울려 퍼지는 날
주민등록증을 꺼내
나를 갱신한다
1929년 10월 1일생을
2017년 1월 1일생으로
우리 나이 89
그런데 갓 태어난 아이처럼
옹알거린다
아무도 받아주지 않는 옹알이지만
나는 그 옹석을 포대기에 안고
유아 일기를 쓰기 시작한다
올 한 해 만이라도
따뜻한 모판에 누워
하얀 뿌리를 내리고 싶다

힘의 전달

새해
첫날 아침
대학 다니는 손자가 왔다
거실에서 펄쩍펄쩍 뛰며
농구공을 집어넣는 시늉을 한다

천장을 뚫고
하늘로 날아갈 것 같다
날개 돋친 희망과
넘치는 기쁨이
나를 내려다본다

내가
휴지처럼 구겨졌다
다시 펴진다

황금찬 선생님
—통화 내용

황금찬 선생님은 강원도 횡성에 계시다
서울 계실 때는 한 달이 멀다 하고 전화 주셨는데
반년이 지나도 전화가 없다
수소문 끝에 전화 걸었다

—선생님
저 이생진인데요
해가 바뀌고 선생님이 계시지 않아 매우 쓸쓸해서
전화 드렸습니다

'반갑습니다. 박희진 시인도 잘 있나요?'

—그분은 떠난 지 2년이 됩니다

'그런가요?'

—같은 해 박희진 시인은 3월에 가고, 이무원 시인

은 4월에 갔죠

'다들 가네요. 올해엔 누가 갈려나'
하고는 흐느끼는 소리가 뒤를 이었다
인투커피*에서 〈회초리〉를 낭송하다가 자주 우셨다

회초리를 드시고
"송아리를 걷어라"
맞는 아이보다
먼저 우시던
어머니

하고 선생님도 우셨다

---

* 우이동 청한빌라 가까이에 있는 작은 커피숍인데 박희진 시인이랑 김기진 시인과 황금찬 선생님의 제자들이 자주 드나들었다. 지금은 폐쇄되고 목공소가 들어왔다.

100세

아무리 장수 시대라 해도 100세는 어렵다
황금찬 시인은 100세
나는 89
90을 바라보기에도 허덕이는데 100세
이건 아무나 하는 일이 아니다
—황 선생님 저는 포기해야 하겠습니다
'그게 무슨 소리인가' 하시겠지만
부끄럽게도 저는
오늘따라 비실비실합니다

노인들끼리

노인들은 점점 기우뚱거리니까
서로 의지하려 한다
옆에 앉은 내게 사탕 하나 주며 몇 살이냐 묻는다
89요 했더니
자긴 77이라며
3년 후엔 자기도 80이라며
내 얼굴을 뚫어지게 본다
부러워하는 것인지
어쩐지 말이 없다
늙어가는 데 무슨 말이 필요하겠냐만
걸어가다가 쓰러질 확률이
점점 많아진다는 것은
확실하다

어느 토요일 밤

100만이 모인 광장에 와도
나만 쓸쓸하다
(늙은이가 주책없이 울기는?)

태극기도 없이,
손뼉도 없이
그럼 이국인인가?
하며 창문을 닦듯 내 얼굴을 닦는다
광화문 광장에서 다시 헌재 앞으로 100m
학교 교문에 기댄 가느다란 수전증
그나마 아무도 나를 의식하지 않아 다행이다
식량으로 호두과자 한 봉지 사 들고
동인천역까지 왔다
내일 아침 자월도로 간다
내가 혼자일 바에야
내 생리에 맞추는 것이 낫겠다

친구
―김재영 선생

 동작구 대방동에 있는 성남중고등학교에서 10년을 함께 지냈다
 나도 그도 30대 초반
 그리고 지금 90의 나이
 이제금 산다
 그의 아내도
 나의 아내도 작년에 갔다
 그 후로는 우정을 전화로 나누며 산다
 이 겨울에 감기 들었다는 목소리
 그도 나도 콜록거리며 전화 받았다

사는 날까지 살아 보자고
막연한 소리지만 살자는 데 힘을 준다
오늘은 맑다
친구 목소리 들으니 하늘이 더 맑다
요즘은 너무 유치하게 산다

살아 있다는 거

아내는 가고 돌아오지 않지만
나는 살아서 친구와 전화할 수 있어 좋다
카톡을 할 수 있어 좋다
농담을 할 수 있어 좋다
살아 있다는 거
그게 죽어 있는 것보다 낫다
아내는 날 생각하고 있을까
이런 생각을 하며 죽은 아내를 그리워한다
나 혼자만 살아서 미안하다는 생각도 한다
자꾸 유치한 생각만 하게 된다

오늘이 여기 있다

오늘이 여기 있다 오늘을 잡아라
요즘 현기증도 있고 헛소리도 있다
병 아닌지
가끔 기억에서 오늘이 사라지기 때문에
오늘에 집착한다
아내의 치마를 잡지 않았기 때문에 아내가 내 곁을 떠난 것 같다
오늘의 치맛자락을 꼭 잡고 있어야 하겠다
이것을 누구에게 부탁하지
그럴 마음은 없다
본래 웬만큼 참아나가니 혼자 참자 이거다
이제 점점 오늘에 매달리는 버릇이 늘었다

책

어떤 책을 읽어도
지금의 나만 못하다
고독도
아픔도
나보다 못하다
그렇다고 내가 책이 될 수는 없다
나는 종이가 아니다
그렇다는 것뿐이다
이상하다
매일 그런 생각으로 방 안이 가득하다
나 같은 사람에게 전화를 걸어 볼까
아무도 생각나지 않는다

날씨가 좋다

나와 날씨와의 관계를 삼각산을 보며 실감한다
이젠 오르지 못하는 산
산엔 눈이 보인다
오르지 못하는 산
그러나 실망은 하지 않는다
글로 오르면 된다
아니 한 발 한 발 오르면 오르지 못할 것도 없다
그것이 내게 남아 있는 억지다
내가 너무 오늘에 묶여 무력해지는 건 아닌지
무력해지는 내가 슬프다

보이스피싱

전화가 왔다
우체국이란다
우체국 카드를 발급받은 적이 있느냐 묻는다
없다고 했다
주민등록증을 잃어버린 적이 있느냐 한다
있다고 했다
조금 있다 또 전화가 왔다
경찰서라고 한다
은행 거래를 묻는다
솔직하게 말했다
몇 달 전에 보이스피싱 당한 적이 있다고
이젠 그런 대질을 하기 싫다
나이는? 하고 또 묻는다
89 하고 또 대답했다 바보같이
아니 바보다
현금을 세탁기에 넣어두었다고 솔직히 말했다
웃는 소리는 환청처럼 들린다

또 걸렸구나 하고 전화를 끊었다
바보처럼 솔직한 것
평생 정직해야 한다 정직해야 한다며 살아온 버릇
이슬처럼 맑은 것만 먹고 살고 싶은데
그것이 아니다
그래서 슬프다
그래서 바다 건너 섬으로 왔는데
너무 외롭다
내가 날 포기한 기분이다
야, 하고 말문을 연 즉시 문을 닫았다

눈 오는 날 할머니는

아이들은
눈이 온다고 야단인데
할머니는
찬바람이 등골을 지나간다
아이들은
할머니가 눈사람이 되어줬으면 하는데
할머니는 나갔다가 낙상하면 일 난다고 이불을 덮는다
아이들은 기쁘고
할머니는 춥고 아프고
그래도 할머니는 아이들 걱정에
찬바람이 스며드는 문을 연다
고드름이 거꾸로 매달려
서슬이 퍼렇다

자월도 바닷가

이른 아침 자월도 바닷가
혼자 굴을 따는 노인
그게 나다
그는 내게 말을 걸지 않았다
나도 그에게 말을 걸지 않았다
너무 말이 없으니 냉랭하다
그렇게 나와 나 사이는 냉랭하다
마치 거울 속의 나를 만난 것 같다
그러다가 헤어졌다

우선

우선 일어나면 바깥 날씨부터 확인한다
그건 핸드폰 몫이다
―8도 9분
꽤 춥다
카톡은 온 것이 없고
문자도 없다
그리고 실내 온도를 올린다
세탁기가 얼까 봐 파이프에 타월을 더 감아준다
그리고 내게도 두꺼운 옷을 입혀주고 더운물을 마신다
입속에 물이 들어가니 마른 골짜기에 첫물이 내려가는 기분이다
그리고 책상 앞에 앉아서 책을 읽는다
무라카미 하루키의 『직업으로서의 소설가』
음악은 이연실의 〈소낙비〉(밥 딜런의 노래)를 늘 준비해놓고 있다
죽음의 준비는 미미하다

준비해야지 해야지 하면서 뒤로 미룬다
너무 가까이 왔는데 내 일이 아닌 것처럼 미룬다
그러다 퍽 쓰러지고 말 거다
결국 남에게 미루고 만다
시는 여전히 쉽게 쓰기로 했다
그 방법밖에 모르니까

요만큼만

어제 이야기다
아주 작은 이야기다
저녁을 먹고 오는데 호주머니 속에서 전화가 울린다
동생 전화다
장갑을 벗고 핸드폰을 꺼내고
지팡이를 세우고 목도리를 풀고 하느라
당황했다
통화는 저녁 식사 드셨느냐로 끝났다
그리고 엘리베이터를 탔다
장갑을 끼려고 하는데 한 짝 장갑이 없다
 속으로 나를 나무라며 다시 13층에서 1층으로 내려왔다
 장갑 찾으려고
 엘리베이터에서 내려 서너 발짝 앞에 검은 장갑 한 짝이
 웅크리고 있다
 정말 기쁘고 반갑다

나만이 필요한 장갑 한 짝
그것이 그 자리에 있다
장갑 한 짝이 하늘만큼 크게 보인다
하루에 요만큼의 기쁨만 있어도

하루

80대 후반의 하루는 소중하다
그 소중한 하루를 내 몸 푸는 것부터 시작한다
일어나자 실내를 걷고
걷다가 의자 앞에 앉았다 일어서기를 반복한다
그리고 물을 마신다
그러면 4시 30분에 신문이 배달된다
신문을 처음부터 끝까지 훑어본다
그중에 문화 특히 글쓰기에 마음이 끌리면 줄 치며 읽는다
 신간 서적이 소개되면 다시 인터넷에 들어가 그 책의 골격을 살피고
 교보문고나 영풍문고로 간다
그 책을 만져보는 것이 성적 스킨십이다
그리운 사람의 손을 만지듯
하지만 이것은 발의 덕이다
나의 스킨십은 99% 발에 의존한다

나팔꽃 씨

카톡을 보내 준 독자에게
검은 나팔꽃 씨를 보냈더니
'희망!'이라며 다가오데요
그래 그만한 감각이면 시를 그려낼 자격이 충분해서
좋았습니다
그건 반응입니다
그건 센스입니다
그건 신호입니다
이렇게 써놓고
그 씨앗을 한 번 더 봤습니다
살아 있었습니다
생명이 희망이 살아나고 있었습니다

표현의 발동은 인식에서 나옵니다
어려운 말인가요
다음에는 그 씨앗에서
나팔꽃이 핀 것을 보낼까 합니다

그건 유채색이 되겠죠
그땐 여름이 한창일 겁니다
카톡은 살아 움직여서 좋습니다

심한박

내가 저녁 식사를 하는 식당 이름이 '심한박'이다
그 간판 이름을 물어볼까 물어볼까 하다가
오늘 저녁 식사 때는 물어봤다
그랬더니
전에 심씨 한씨 박씨 이렇게 셋이 동업했는데
두 사람이 그만두고 혼자 하는데
그대로 그 간판으로 영업한다고 했다
그러나 그 혼자가 누군지는 물어보지 않았다
미역국 맛은 '심한박'을 알기 전이나 안 후나 변함이 없다
그저 그런 간판 이름으로 시 하나 썼다는 것은
시 쓰는 사람의 횡재다
다음엔 이 세 사람 중
한 사람이 누구냐고 물어봐야지

가다가

가다가 뒷걸음질 치며 하늘을 본다
하늘을 보다가 구름을 본다
구름이 스치고 가는 삼각산 왕바위
그 바위를 한 바퀴 돌아오던 나
나를 본다

하늘은 맑고
구름은 가볍고
바위는 무겁고
소나무는 푸르고
나는 늙었지만 심장은 따뜻해서
아직도 내게 안기는 시가 따뜻하다
남이 보면 아무것도 아닌데
나는 눈물을 흘리며 반긴다

소설가 김진명

 소설가 김진명을 좋아한다
 그의 소설 『무궁화꽃이 피었습니다』와 『THAAD』
를 읽었다
 소설은 말하고 싶은 것을 사실대로 말하는 것
 아니면 상상이라도 사실처럼
 그래서 나는 나의 시의 광장을 찾아가다가
 오솔길로 사라진다

 나도 그렇다
 나도 그렇다 하면서도 발을 뺀
 연약한 글쓰기
 내 주먹엔 나도 모르는 식은땀이 흘렀다

참새구이

일부러 산길로 왔지
참새를 만나려니 하는 생각은 없었고
그런데 숲 속에 들어서자 참새 떼
이삼십 마리!
처음엔 이것들이 한겨울에 뭘 먹으려고……
하다가
언젠가 겨울에 포장집 앞에서 참새구이 파는 것을 보고
따끈한 정종에 참새구이 꼬치로 비약했는데
아 무자비해라
그 참새구이 빼먹는 그 맛
하고는 끔찍한 살생을 범했다
그 순간 참새들은 다 날아가고
나만 혼자 산을 넘었는데
이런 생각만으로도 죄가 되는지
묻고 싶다

즐거워라

이런 제목으로도 시가 될까
된다
날씨가 맑고 바람이 없으니 된다
도우미가 오는 날이니 된다
김태호 시인이 시 이야기하러 오니 된다
그는 사업하느라고 입문이 좀 늦었지만 노익장이어서 된다
카톡에도 날씨가 좋고
고파도 섬으로 간 친구가 고파도 사진을 보내줘 된다
이렇게 해서 오늘도 행복이 된다

아이 좋아라

아이 좋아라
이건 무슨 소리냐

아이 좋아라

오늘은 이 노래가 좋다
내가 전락했나?
아니면 자포자기인가
시에서 트로트로
트로트에서 노래방으로
노래방에 가지는 않았지만
일요일 낮 송해 오빠의 노래방
우리 집이 노래방이다
아이 좋아라
삼류?
그걸 부끄러워하는 것이 아니다
이런 전락이 나를 '아이 좋아라'로 만드는 비결이다

왠지 오늘은 이 노래가 내 입에 맞는다
한여름 매미처럼 길게 울리고 다녔다
아이 좋아라
아이 좋아라
노래방에서 이혜리*를 따라 부르고 싶다
아니 내 방이 노래방이다
아이 좋아라

* 〈당신은 바보야〉, 〈아이 좋아라〉 등의 히트곡을 낸 가수.

시 쓰는 남자들끼리

결국 노상에서 울음을 터뜨리고 말았다
홍해리 시인과 나는 띠동갑이다
해리는 자칭 독사라 했고
나는 자칭 꽃뱀이라 했다
그런데 어느 날 서로 껴안고 길바닥에서 울었다
그럴 사정이 있었다
아내 때문인데
그의 아내는 지금 몇 년째 치매로 앓고 있고
나의 아내는 한두 해 앓다 갔다
그것 때문에 운 게 아니다
세상모르고
행복이 뭔지 모르고
아내가 뭔지 모르고
섬으로 섬으로 돌아다니며
해리 시인은 난초를 보고
 나는 고독에 취해 섬으로 섬으로 떠돌다 아내를 잃은 것 같아

가다 말고 울어버린 것이다
둘이 껴안고 울다가
술집으로 들어가 막걸리를 권하며 흐느낀 것이다
말년에 무슨 날벼락이냐고
하지만 따뜻해지면 한 열흘쯤 섬으로 떠돌며
섬 타령이나 하자 했다

늦은 겨울밤 헤어지지 않고 손을 흔드는
독사와 꽃뱀
독사는 77이고
꽃뱀은 89
아 세월아
세월아 하며 손을 흔들고 있다

병病과 나

병 없이 살면 얼마나 좋을까
그건 망상이다
살면서 마음을 비운다고 하지만
그게 쉬운 일이 아니다
내가 지금 멀쩡해 보이지만 속은 다 상했다
내가 지금 복용하는 약만 봐도
전립선 약과 바이타민
오―쏘팔메토(건강기능식품)
센담(이거 역시 전립선 기능성 식품)
자트랄(병원 처방, 전립선 비대증 치료제)
프로스카(병원 처방, 전립선 비대증 치료제)
그리고 엑세라민 B(섬에서 만난 약사가 보내준 것)
그리고 안과병원에서 처방해준 약
가리유니(노인성 백내장 치료제)
플루메토론 0.1(점안액)
하메론(각결막 상피장애 치료제)

무엇보다 전립선 약이 주다
늙으면 전립선이 주다 그래도
남들보다는 적게 약을 쓰는 편이란다

젊어서 섬으로 돌아다닌 탓에
팔과 얼굴이 검버섯 숲이다
그러니 피부약도 한둘이 아니다

어찌 보면 자꾸 살려고 떼쓰는 것 같아
치사하기도 하다

그 자리

나만 아는 자리
그 자리
아니 다른 사람도 알고 있겠지만
그곳에서 시를 생각하는 일은 없을 것이다
나만은 시가 떠오르니까
삼각산 머리에 눈이 덮이고
내 머리엔 시가 덮이고
이렇게
 나는 지금 눈을 밟으며 말라버린 백일홍 꽃대를 어루만지며

시를 생각하지만
여름이면 꽃이 피고 매미가 울기 때문에
내 마음의 변화도 계절처럼 오가는 것이다
그 자리에 와 있다
혼자다
혼자라는 데 힘을 준다
고독을 독점하듯
이 자리를 내가 독점하고 있다

늙는다는 거

KBS1 아침마당에서
박상철 교수의 강의 '슈퍼 노인을 꿈꾸다'를 들었다
은근히 구미가 당긴다
'쥐를 실험한 결과 젊은 세포만 죽고
늙은 세포는 죽지 않더라'
그는 이 말에 힘주어 말한다
늙으면 죽어야 하는데
늙어도 죽지 않더라
노화는 살자는 변화다
나이에 상관없이 사는 거
그냥 끝까지 살아버리면 된다
살아버리면 된다

여기서 나는 삶에 다짐하듯 삶의 맹세를 다진다
발로 다진다

걷고

먹고

먹고

걷고

책 읽다가 책 쓰다가

자고

일어나 또 걷고

내가 걷지 못할 때

죽음은 이미 와 있다

그때 죽음이 하라는 대로 하면 된다

조용히

명산 스님

지리산 공암空庵 명산 김동환
청학동 토굴에 앉아 독경하는 자네
김동환
어머니가 찾아와 아들과 함께 있겠다고
90 노모
그분도 안녕하시다니
50년 전 자네 때문에 알게 된 자네 어머니 이야기는
여기에 묻어두고 가네
내가 공암에 찾아와 물소리 들으며 공암에 앉아보고
자네도 자네 어머니 마음도 이해하고
물소리랑 함께 내려가네
아무리 내 시가 속 끝까지 캐는 호미라 해도
나는 여기서 내려가네
물소리 타고 내려가네

설날 아침 무덤 앞에서

설날 아침을 가평 공원묘지에서 맞았다
멋있는 하늘이다
어디서 저런 거대한 하늘이 소리 없이 나타났을까
하늘을 처음 보는 것 같다
스마트폰으로 하늘을 찍었다
조용하다 쥐 죽은 듯 조용하다
왜 쥐만 죽으랴
늑대도 여우도 산돼지도
죽은 듯 조용하다
산을 넘어가는 구름도 소리가 없고
무덤 앞에 차려놓은 제물도 소리가 없다
숟가락 소리도 젓가락 소리도 없다
아니 이 무덤 속에 누가 있기는 있는 것인가
왜 소리가 없지?
영혼은 숨소리를 내지 않는다
어디 갔을까
영혼은 영감이 영리해서 우리가 오늘 오는 것을 알

고 계셨을 텐데
 아버지 어머니
 지난 추석에 입주한 아내
 그 세 영혼이 어디 가셨을까
 아무 소리도 나지 않는다
 여름 같으면 풀벌레 소리라도
 그분들의 소리처럼 들릴 텐데
 흰 눈에 덮인 무덤은 소리가 없다

풍차 같은 풍자

밑도 끝도 없이
'내가 트럼프처럼 세 번 결혼하면 어떻게 될까
대통령 하기엔 나이가 많고' 했더니
옆에 앉았던 김종열 시인이 불가능하다고 외친다
이때 힘을 주어 '불가능은 없다'고 내가 외쳤다
그랬더니 모두 일어나 박수를 친다
그러고 다 함께 웃었다
올해는 웃음이 많았으면……

신년 생활신조

초등학교 학생처럼

이런 신조를 내걸었다

다섯 가지

  1. 하루에 4km 걷기

  2. 하루에 시 5편 이상 읽고 시 한 편 쓰기

  3. 자연과 사람과 책을 사랑하기

  4. 조금 먹기

  5. 일찍 자고 일찍 일어나기

이제까지 해오던 일이어서 어렵지 않다만

문제는 건강이 오늘 같겠느냐는 것이다

그러면 그때마다

'약해지지 마'• 하고 경고한다

모두 나 혼자 하는 소리다

유치하긴 하지만 기쁘다

신조가 있으니 생활에 뼈가 있는 것 같아 기쁘다

• 시바타 도요(1911~2013)의 시집
  90세에 처음 시를 쓰기 시작해 99세에 첫 시집을 펴냄.

책 세 권 샀다

교보에서
무라카미 하루키의 『여자 없는 남자들』(일본판)
영풍에서
다니엘 페나크의 장편소설 『몸의 일기』(조현실 옮김)
그리고 현현의 그림과 시와 에세이 『파리에 비가 오면』
이 세 권을 강아지처럼 안고 왔다

다 못 읽고 싸두는 적도 있지만
지식도 새 냄새가 좋아서
그나마 책을 살 수 있다는 현재의 재력이 고맙고
그것만으로도 책은 읽은 셈이다
누군가 우리 집에 와서 이거 다 읽었냐고 물을까 봐
연필로 줄을 쳐가며 읽었다
그것도 전시효과다
그러나 읽고 싶을 때 책을 살 수 있다는 능력은
전에는 열 번 죽어도 어려웠는데……

하고 보니
이 말도 과시용에 가깝다

독거노인의 빙판

눈 오는 날
독거노인의 외출은 위험하다
종로 바닥이나 인사동 빙판에서는
누군가의 팔에 매달려 걸어야 한다
꽁꽁 언 서울 한복판에서
향수를 달래듯
훌쩍 섬으로 떠난 경우와는 다르다
우이도 돈목 모래밭이나
자월도 모래밭에서는 혼자 쓰러져도
탈이 없지만
민민한 도시의 고독은 위험하니
오늘은 누군가의 팔에 매달려 걷고 싶다

하루 한 편의 시

살아서 완성이란 없는 법인데
시 한 편 써놓고 완성했다고 큰소리치니
날아갈 것 같다

오늘도 하루 한 편의 시가 완성되어
블로그www.islandpoet.com에 올렸다.
시 쓰며 산다는 거
자랑해도 자랑해도 부족하다

'아무리 고독해봐라'
하고
큰소리쳤다

My Way

1

시나트라의 〈My Way〉를 귀에 꽂고
시도 때도 없이 듣는다
무엇보다 텅 빈 가슴에 들어와
심금을 울리는 것이 마음에 들어
이어폰을 뗄 수 없다

And now, the end is near
And so I face the final curtain
....
....

이제 끝이 가까워 보이는군
그래서 난 인생의 마지막 장을 맞이한 거야
친구여, 분명히 말해두고 싶은 게 있네
내가 확신한 내 삶의 방식을 얘기하고 싶어
나는 벅찬 인생을 살았지

길이란 길은 다 가봤어
그리고 무엇보다 더 중요한 건……
내 방식대로 해냈다는 거 •

2

나는 트럼프가 취임할 때 노벨문학상을 받은 밥 딜런을 데려다
한바탕 흔들지 않을까 하고 넘겨잡았는데 트럼프의 입맛에 맞을 이가 없다. 그리고 트럼프가 오라고 해도 밥 딜런이 오기나 했을까?
트럼프는 그러지 않고 〈My Way〉에 맞춰 춤을 췄다
그것은 트럼프의 My Way이다

• 프랭크 시나트라의 노래 〈My Way〉 가사

단편소설을 읽다가
―무라카미 하루키

『여자 없는 남자들』
그의 소설 때문에 내가 소설로 살아난다
14세 때의 사랑과 그 애(소녀)
지금 어디에 있을까
75년이 지났는데 지금 어디 있을까
자꾸 어디에 있을까 있을까 더듬는다
소설은 자꾸 만나보고 싶어 한다
그때 더듬던 말을 유창하게 하려 한다
혼자만 요동치는 나의 내재율
그래서 단숨에 읽히는 것인가
다 읽고 내 시 속에 묻는다
오늘의 시는 그녀의 것
그녀는 어디 있을까

책을 살 수 있다는 거

어려서는 물론이고 젊어서까지
돈 없이도 서점에 갔다
서점에 밥이 있는 것처럼
밥 먹으러 서점에 갔다
책 가까이 가서 책을 만지는 것이 좋았다
그러다 돈이 생기면 얼른 샀다
돈이 생기기 전에 그 책이 없어지면
책이 있었던 그 자리에 서서 속으로 울었다
속으로 울면 눈물이 나지 않았다
나는 눈물을 보이지 않는 울보였다
지금은 여유가 생겼다
그 책이 있으면 즉시 산다
그 책이 없으면 지금도 울고 싶다
늙어서도 책에 대한 감도는 마찬가지
서점은 내 쉼터였으니까
오늘도 그렇게 쉬러 간다

생자生子
— 살아서 시를 쓴다는 거

공자孔子

노자老子

맹자孟子

손자孫子

순자荀子

장자莊子

주자朱子

한비자韓非子

(가나다순)

나도 내 이름에 '子'를 달아본다

'生子'

멋있다

생기가 돈다

저들에 비하면 아무것도 아니지만

유일한 생존자

이것이 특혜다

산 자에겐 고독이 있다
그 고독을 갈고닦아 시를 쓴다
얼마나 행복한가
生子!
나는 지금 시를 쓴다

웃는 낯

엘리베이터
아파트 엘리베이터에서 만나면 인사도 없이
돌아서 가던 여인이 오늘은 인사도 하고 약간 웃기도 한다
왜 그랬을까
웃는 낯에 침 뱉으랴 하는 속담이 엘리베이터 거울에 비친다
핸드폰을 귀에 대고 있다
핸드폰에서 인사하라고 했나 보다
착한 핸드폰이다

말년

말년에 눈물이 많다
아내 간병하느라 내 몸 관리하느라 눈물이 늘었다
그런 감각으로 전화를 받았다
밤늦게 걸려온 말년의 전화
나도 눈물을 흘리며 전화를 받는 것 같다
아내는 이미 갔고
밤늦게 전화가 온다
나보고 혼자 어떻게 지내느냐는 안부 전화다
 십여 년 동안 치매 앓는 아내를 간병하느라 힘들다
는 사람의 전화는

전화가 먼저 울고 그는 나중에 울었다
불쌍하다
오죽하면 이 시간(자정)에 전화 걸었을까
불쌍하다
늙어서 자기 몸 가누기도 어려운데
불쌍하다
본인이 힘들다고 하니
할 말이 없다

유혹

유혹은 내게 참을 수 없는 선동이다
시도 그렇고
사랑도 그렇고
외출도 그렇고
물론 사람이 유혹한다면 남자보다 여자가 낫겠지
그런 암수와 관계없는 날씨
날씨가 유혹한다
나오라고 유혹한다
밖으로 나오면 뭔가 생길 것 같은 유혹
하지만 나가지 못하는 지금
멍하니 가고 싶은 데를 바라보고 있다
유혹당하는 것도 기회인데 당한 기회를 놓치고 있으니
억울하다
언제까지 그러고 있을 건가
점점 그런 험한 길만 남아 있을 것 같다
너무 오래 산 것을 탓하긴
아직 남아 있는 유혹에게 미안하다

공부

 영어 공부를 시작한 것이 언제더라
 중학교 3학년(1946) 때면 열다섯 살 때부터 지금까지 74년간
 말은 늘지 않고 늘 그 타령이다 그러나
 워낙 열성이어서
 아직도 중학교 1학년 신입생처럼 설렌다
 지금도 애매한 단어가 나오면 즉시 사전을 여는데
 손은 떨리고 종이는 얇고 시력은 약해서 돋보기까지 동원해야 하니
 그 뜻까지는 한참 가야 한다
 그래도 공부하고 싶다

보웬병

병원에서 병을 얻었다
무슨 병?
보웬병!
강한 햇볕을 많이 쬐어 생기는 얼굴 피부병인데
그걸 수술하라고 권한다
수술하면 칼인데 칼이 번쩍 내 얼굴에 비친다
얼굴에 칼을 대기가 싫어
수술 안 하면 안 되느냐 했다 무식하게
그보다 살 만큼 살았는데 이제 수술? 하다가

언제 수술하나요 물었다
내가 섬을 많이 돌아다니다 보니
얼굴에 검은 점이 생기고 그것이 보웬병까지……
그것이 피부암으로 간다는 거다
그래서 제거해야 한다는 의사의 말이다
나는 진행이 느리다면 그냥 두겠다고 했더니
제거하는 것이 좋다고 한다

전혀 생각하지 않은 병을 얻은 셈이다
그래도 진행이 느리다니 여유가 있다
나는 느린 걸음으로 병원을 나왔다
내 걸음보다 암이 느리다면……
병원을 나오면서 발걸음을 빨리했다

목욕탕에서 만난 갑장

 목욕탕에서
 탕에 들어가 빨가벗고 마주 앉은 노인과 인사를 나눴다
 알고 보니 둘레길 산책 때 만난 갑장인데
 빨가벗고 인사했다
 불알친구? 목욕탕에서 진짜 불알 내놓은 친구를 봤다
 5, 6세의 어린 불알이 아니라
 89세의 불알
 신기하지도 흥미롭지도
 오히려 슬프기만 하다
 못 본 척하고 얼른 말을 돌렸다
 아니 당신하고 아침 산책하던 그분은? 하고 물으니
 그분은 입원했다 한다
 나이 89에 입원했다고 하면
 뵙기 어렵겠네요로 말을 마감했다
 그도 수요일에 목욕탕에 왔는데

우리 둘도 언제까지 목욕탕에 올지 모른다
아니 둘 다 오지 않는 날이 올지도
80 넘은 갑장들의 언어는 목욕탕 물소리보다 약하다
그는 때를 다 씻지도 않고 나가겠다 했다
늙은 몸은 닦아도 닦아도 때가 나오는데
갈 땐 마른 몸에 때만 가지고 가는 것인데
그는 미리 탕에서 나갔다

혼자 살기
―그가 간 지 150일

아내 없는 생활이 두 배 세 배 바쁘다
이불을 내걸어야 하고
밥을 해야 하고
국을 끓여야 하고
설거지를 해야 하고
빨래에 청소까지
물 묻은 손으로 전화를 받고
인터폰으로 방문객에게 대응하고
그럼 내 시는? 하고 책상 앞으로 간다
읽다 만 책을 다시 펴 든다
『웃으며 죽음을 이야기하는 방법』•
읽어가며 밑줄을 친다
"우리는 두려움과 친해져야 하며, 그 한 가지 방법은 글로 쓰는 것이다"
　쇼스타코비치•의 말을 줄리언 반스가 인용했는데.
　나도 그의 말을 인용하고 싶다
　죽음에 가까이 갈수록 시 쓰기에 매력을 느낀다

이대로 죽었으면 하고 책을 덮는다
왜 죽었으면 했나
이건 실수 같다

- 줄리언 반스 지음, 최세희 옮김, 2016, 다산책방
- 러시아의 작곡가

고별인사를 하듯

우이천牛耳川 너머로 북한산이 보인다
겨울 눈 덮고 벌렁벌렁 숨을 쉰다
구름이 마른기침을 하며 넘어간다
구름이 무슨 기침을 하나
그저 슬그머니 넘어가지
그랬으면 어떨까 하는 시인이 시 쓰는 버릇이지
수없이 넘고 넘었던 그 산을
이제 넘지 못하고 고별인사를 하듯 손을 흔든다
올봄에 내 눈으로 저 산을 볼 수 있을까
하자
산이 돌아서며 눈물을 흘린다

새벽 세 시

새벽 세 시
잠은 안 오고
핸드폰을 들었다 놨다 했다
아내가 가고 난 후로 핸드폰에 손이 자주 간다
병인지 중독인지
지금 나와 입지가 비슷한 사람을 찾았다
2년 전에 아내를 잃은 친구와
1년 전에 남편을 잃은 여인에게
자판을 눌러 글자를 만들까 망설이다 말았다

지금 나는 이런 심정인데 그들은 어떨까 하고
물론 문자를 만들지도 않았고 보내지도 않았다
그렇게 망설이며 하루가 지나고 이틀이 지나고
석 달 열흘이 지나고
그저 나만이 아는 내 심정이다
그들도 그런 날이 있었다고 말할 때
사람은 어쩌면 그렇게도 닮았을까
그런 확인도 없이
이미 늦었다고 손을 떼는 고독감

젊은 의사와 늙은 환자

의사 앞에서는 환자가 을이다
의사는 30대이고 환자는 90대의 경우에도
내 손자도 30인데 그보다 더 높아 보인다
의사가 하라는 대로 한다
네 네 하고
거래 관계로 따지면 환자가 고객인데
고객이 하늘인데 환자는 땅 그보다 땅 아래 개천이다
네 네 네 하며 절을 하고 진료실을 나온나
접수창구에서 청산한다
모두 내 생명을 담보로 하는 갑을甲乙 관계다

내 삶[生]

요즘은 공간이 모든 공간이 내 공간이기 때문에
삶[生]을 내 것으로 끌어당기는 인력이 있다
그래서 사람을 만나면 그 사람이 나와 같아지기를
바란다
그 사람을 그렇게 유도한다
유도하는 것은 나쁜(?) 일이지만
내가 나쁘지 않으니 그것이 아름다워 보인다
그렇게 단언하는 까닭은
거만하다
그 사람을 내 세계로 끌어들인다
내 가슴으로
내 우주로
내 마음으로
이런 식이다
별것도 아니면서
시간이 지나고 보면
번데기처럼 부끄럽다

작은 산을 넘으며

큰 산을 피해 작은 산을 넘어왔다
작은 산은 집에 가깝고
큰 산은 하늘에 가깝다
작은 산엔 오늘이 있고
큰 산엔 내일이 있다
큰 산엔 가지 못하지만 내가 가야 할 하늘이 있다
구름이 있으니 다행이다
그건 죽어서 수레
죽음은 구름에 실릴 만큼 가벼우니까
죽으면 큰 산을 지나 하늘에 가는 기쁨
나도 내일이 있어 기쁘다
내일은 하늘에 가니까

010—5101—****

그러니까 6년 전 이야기다
울릉도에서 출발했다는
010—5101—**** 푸른 박씨
인사동에서 저녁 일곱 시에 만나자는……

멀리서 온다
먼 섬에서 온다니 반갑지 않을 수 없다
그러자고 했다
잘한 건지 못한 건지 모르겠다
내 나이와 거동으로는 무리다

그도 그걸 따졌을까

워낙 섬을 좋아하는 사람이라

섬 소리만 들어도 뛰어나올 거라는

그런 짐작했을까

이 겨울밤에

서울 사람이라면 다음에 만나자고 할 텐데

그러지 못하고 인사동으로 나가 손을 내미는 순간

그의 손에서 푸른 파도가 일 것 같아

사실무근

누군가하고
산을 보며 강을 보며 바다를 보며
걷고 싶다
그런 사람이 문자로 왔다면
그건 예약이 아니고 직통이다
그런 유혹
실컷 유혹당하고 싶을 때가 있다
그만큼 내가 변했다는 것이냐
근거도 없이

오늘이

오늘이 2017년 2월 19일 토요일인데
그런데 이것을 꼭 잡아 말하거나
일기장에 쓰지 못하고 지나서야
오늘이 무슨 요일이지 하며 머리를 긁는다
이제 그렇게 가는가 보다
그것이 정상인가 보다
그 사람 이름을 그 사람 앞에서 잊고
그 사람과 헤어신 뒤에 생각날 때가 있다
그러니 그 사람을 불러올 수도 없고
그 사람은 늙어보지 못했으니
무관심하다고
자기는 늘 생각하고 있었는데
그렇게 무관심하냐고
상대방이 뭐라고 해도 하는 수 없다
놓고 가는 것이니
잊고 가는 것이니
나무라지 말라

이렇게 이해하면 쉬운 것인데
이해하지 못하고 가면
서로 섭섭하다 그게 가는 거다
오늘이 토요일인 줄 모르면
내일은 더욱 캄캄한 일요일
잊었어도 고맙게 여겨야지
잊고 살아도 살 수 있으니까
그렇게 위로하며 갈 때까지 간다
결국 안녕이란 말도 잊고 간다
그래도 눈물이 날 지경으로
오늘이 고맙다

서산에 해는 지고

서산에 해는 지고
나처럼 갈 데가 없어 지는 해
가지 말라고 날 붙잡는 사람이 있다
마지막 길을 동행하고 싶다는 간절한 소망
유혹에 약한 내가 먼저 쓰러진다
해가 지더니 해가 내 옆에 쓰러지고
달이 오르더니 달도 내 옆에 쓰러진다
아무도 일으켜 세우는 이가 없어시
쓰러진 채로 밤을 새웠다
자고 일어나니
따라오던 사람이 없다
그럴 줄 알았다
어디서 또 만날지
그건 전혀 모른다
그렇게 가고 있다

날품팔이

구차하게
'날 좀 보소'라든지
'날 용서해주오'라든지
'날 살려주오'라는 소리는
절대로 하지 않겠다
뭘 믿고 그러는지는 몰라도
손을 비벼가며 나를 연장하고 싶지는 않다
내가 살아 있기에 하는 소리다
오늘이 있기에 오늘에 대한 자신이
오늘까지만 하며 오늘을 위해 있다
나는 오늘만 하는 날품팔이다

아침 식사
—2017년 2월 21일(화) 맑음

난 집에서 식사를 하려고 밥도 하고
미역을 담가놓고
김치도 꺼내놓고 했는데
아들이 들어와서 나가 먹자는 바람에 마음이 바뀐다
헌데 해장국집은 화요일에 쉬고
곰탕집은 10시에 문을 열고
그럼 노원에 있는 설렁탕집으로 가는 수밖에
이렇게 결정하고 노원으로 산나
혼자 있으면 결정도 내가 하고 행동도 내가 하는데
둘이 있으니 그게 어렵다
그렇다고 항상 혼자이길 바라지는 않는다
혼자 있다 둘이 되고 셋도 되는 건데
나는 본래 혼자가 좋았다
나는 혼자 있을 때 날 다루기 좋다
지나친 이기주의자다
하늘은 넓고 나는 혼자이고
하늘을 혼자 차지하는 이기주의

이 지구상에 혼자 산다면 어떨까
진짜 혼자이길 바라는가 하고
반문한다
대답이 없다

봄 생각

봄이다
벌써 그렇게 됐나
그럼 누구보다도 산이 보고 싶다
산을 보고 있으면 생각하고 싶은 것이 떠오르니까
그게 뭔데? 아직은 나도 모르겠다
산을 보기 전에는
헌데
생각하면 뭘 하나
늘 혼자 걷고
혼자 밥 먹고
혼자 자고
혼자 생각하다 만 것을
떠올려서 뭐 하나
하고
원점으로 돌아가는 생각
그래도 그것은 내가 살아 있으니 할 수 있는 나의 권리?

네 권리를 포기하지 말아라
이게 내 생각이다

흐린 날 같은 심정

하늘이 울 것 같다
금방 눈물을 소나기 쏟듯 쏟아놓을 것 같다
침울하다
나는 왜 이리도 쉽게 하늘을 닮아갈까
하고 하늘처럼 침울해진다
누군가 유쾌한 사람이 카톡이라도 톡하고 건드렸으면 좋겠다
내 지금의 심성을 바꿔놓게
그도 그랬다고 칵 하고 토해낼 것 같다
날씨가 흐리다
아무에게서도 카톡이 오지 않는다
나 같은 사람이 없다는 것이겠지
나와는 거리가 멀다는 것이겠지
하늘은 어둡고 나는 침울하고
오늘은 내게 관심이 있는 사람이 하나도 없다
목욕탕에 들어가 천장에서 떨어지는 물방울을 보는 편이 낫겠다

톡하고 떨어지는 물방울
나도 톡하고 떨어지면 어디에 떨어질까
톡 떨어지면

실수

실수란 손(手)을 잃(失)는다는 말이다
나는 몇 해 전에 손을 잃었다
수전증
손이 흔들려 손 노릇을 못한다
커피 잔을 들면 그 손이 흔들려 커피가 넘어지고
밥을 뜨면 손이 흔들려 밥이 넘어진다
아이들이야 덜 자라서 그렇다고 하지만
나는 다 자라서 그러니 철은 들어 있다
이것을 내 실수라고 하기엔 너무 억울하다
하지만 너무 살아서 그러니
그것도 고맙게 여기자
이렇게 말하고 커피 잔을 일으켜 세운다
커피 잔이 어른처럼 점잖다

극도로 외로워졌을 때

극도의 외로움에 시달려도
나는 보복하지 않겠다
새봄에 새살림을 차리는 화려한 봄기운과
갈대밭으로 들어가 나오지 않는 흰 고무신
나는 실종 신고를 유보하고
기웃거리기만 했다
아무도 아는 척하지 않았다
그래서 더욱더 무서웠다
그런 신발 못 봤다고 했다
외로움이 책임 소재로 바뀌는 밤
식은땀이 등골을 지나갔다
그때부터
고독은 질병인가
아니면 범죄인가 혼동하기 시작했다

알바 시인 초설

멀리도 갔다
거제도 '날마다 기쁜날'을 문 닫고
서귀포로 갔다니

정방동 마트에서 알바를 한댄다
'끼니가 되거든 시는 이어가게' 하는 문자를 썼다 지웠다
 그는 서귀포 공원에 있는 내 시비를 픽이 보갰다
 그 시를 읽고 있으면 부럽고 그립고 뵙고 싶다고
 여자도 아니면서 늘 여자 옷 입고
 머리를 무지갯빛으로 염색하고
 나비처럼 길게 늘어뜨리고
 용을 그린 스타렉스를 몰고
 남의 눈에 확 띄게 사는 시인

'선생님 서귀포에 언제 오실래요?
차도 가지고 왔어요' 한다

4월에 다랑쉬굴에서 시 낭송해야죠
그래 그때 같게 해놓고
내 요즘 약속은 뜬구름 같아서
지키긴 어렵지만
매년 그 자리에서
그 사람들과 시 읽고 노래하고 춤추고 싶다
슬픈 사람들을 위해
울어주고 싶어 함께 우는 시공연詩公演
그런 생각을 하게 하는 목소리
그가 서귀포에 있다니
'끼니가 되거든 시는 이어가게'

한갑수의 고슴도치

한갑수는
무안군 몽탄 달산리에서 도예를 하는 젊은 친구다
초설이 갑수에게 시집 『맹골도』를 보내줬으면 해서
갑수를 다시 생각했다
처갓집 돼지우리를 지키며 가마에 불을 지피는 갑수
벌겋게 타오르는 죽데기 불 앞에서 뭘 생각하고 있을까 해서
'갑수가 선생님의 시를 좋아해요' 하는 초설의 카톡이
아직까지 남아 있다
갑수는 좋은 친구다
산타클로스 할아비 같은 친구다
인사동에서 전시회를 하고 떼어놓고 간 고슴도치 세 마리
내 방에서 갑수를 기다린다
나와 닮았다

다비아와 디아나

다비아에게서 몇 년 만에 카톡이 왔다
'선생님, 어젯밤 꿈에 뵈었어요'
그 문자에 '혹여'라는 말은 없었지만
예감이 그런 카톡이다
가거도에서 나오는데 손에 조태일의 시집 『가거도』가 있어
섬을 좋아하는 소녀라는 것을 알고 10여 년이 지났는데
제주도 바닷가 허름한 움막 창구에서
커피를 주문하는 나를 보고 '선생님 저 다비아요' 한다
두 사람이 시작했는데 한 여인은 시집가고 혼자 남아 자리를 지키는 여인
그런 인연들이 하나하나 시를 남기고 자취를 감추려 하는구나
나는 아직도 다비아와 디아나를 구별 못 하는데

시詩와 예禮
― 공자가 아들에게 물었다는 말

 많이 들은 말인데 들은 만큼 알아들은 사람은 없는 것 같다
 공자가 아들에게 했다는 말

 시詩를 배웠느냐와 예禮를 배웠느냐는 말
 시를 배우지 않고는 남과 더불어 말할 수 없고
 예를 배우지 않고는 세상에 나서서 행사할 수 없다는 말

 물론 오늘의 시가 그만큼 단단하냐 물었을 때
 선뜻 대답하기 어렵지만
 내가 시와 살아본 경험으로는 그래도 시가 있었기에
 나로 하여금 나로 살게 했고
 공자가 묻지 않아도 내가 묻고 내가 대답하기 어려움이 없다
 이제 시의 맛을 알고
 시의 고마움을 알 만하다

나가서 걸어야지

그래 책 그만 읽고 나가서 걸어야지
봄이 온 것 같으니까
새 소리가 아니라
내 영감靈感의 소리
내 영감이 분명해
그래서 나가고 싶은 거야
무슨 일이 일어난 것일까
봄의 유혹은 그렇게 온다

음지의 얼음이 녹아서 흙이 묻어났다
요리조리 피해서 산길을 걸었다
흙이 애정에 녹아드느라고 물이 흘렀다
흙이 섹시하다
만물이 저럴 거다
산을 빙 돌았다 세심천 산을 돌아 둘레길도 한 바퀴 돌았다
3, 4km 쯤 서다
그쯤 걸었으면 오늘 걸을 양은 충분하다

오수환 화백
—2017년 2월 25일

산을 돌아오는데
오수환 화백도 그 산을 돌아온다
손을 잡았다
그림 그리는 손과
시 쓰는 손이 손을 잡았다
지나가던 구름이 멈춘다
산은 오래전에 멈췄고
화백은 말을 꺼내려고
"박희진 시인은 허리 때문에 일찍 갔죠"
하기에 "몸이 무거워서 허리 부담이 많았죠
결국 걷는 게 부담이 되었죠" 하고 하늘을 보니
구름은 이미 가버렸다
나는 왜 가지 않고 그대로 서 있나
내일도 가지 않을 것처럼 서 있나
오늘 오후의 이야기다

방구석

2017년 2월 26일 일요일
내 방구석이
청소를 모르는 연구소 같다
비서 없는 시詩 방구석

청소 한번 해주고 싶다
나 혼자 내 시만 연구하는 방구석
실적 없이도 대출이 가능할까
대출해서라도 비서 하나 쓰고 싶은데
보증인 없이도 가능할까
전엔 아내가 있어 연대보증이 가능했는데
지금은 아내가 없어 엉망이다
보증 서류 인감
이 방면엔 소질이 없으니 그것도 두렵다
두려우면 시가 안 되는데
방구석이 더러워서 시가 안 되는 건 아니고

슬픈 낙원

일기 쓴다는 핑계로 시를 쓴다
아내가 없으니 간섭이 없다
간섭 없는 삶
최고의 낙원? 하다가
추락한다
내가 임부妊婦였으면 낙태했을 거다
베란다의 햇볕이 좋아
혼자 덮고 잔 이불을 내건다

나의 서프라이즈
―구인 광고

나의 서프라이즈
나의 시세계詩世界
이럴 때 나는
'아' 해야 하나 '어' 해야 하나
나의 서프라이즈!
찬란한 햇빛
혼자 대박을 누리며
어느 좁은 항구에서 배를 기다린다
오 기적奇蹟의 함성
혼자 감당하기 어려워
동반자를 구한다고
여자 화장실에 구인 광고를 붙이고
허리띠를 맸다
저승에서 아내가 보는 것 같다

수석에 대한 죄

한때 수석 한답시고
먼 섬 자갈밭에서 침묵에 잠긴 돌을 깨워
배낭에 가둬 가져왔지
지금 아파트 13층 베란다에 50년째 가둬두고 있는데
지금이라도 다시 짊어지고 가 그 섬 그 자리에 놔줘야 하는데
이제 내 양심에 비해 힘이 부치네
내가 죽으면 그 돌도 누군가가 치워버리겠지
나는 화장하면 재가 되지만 태워도 타지 않는 돌
그 원망을 고스란히 내가 안겠네

부부 이발소

퇴락한 지하상가 한구석에 부부 이발소가 있다
손발이 척척 맞는다
남편이 가위질하면 아내는 면도질하고
남편이 머리를 감기면 아내는 머리를 말리고
아내가 돈을 받고 남편이 머리 숙여 인사한다
손발이 척척 맞는다
따져보니 물샐틈없는 가위질과 면도질
25분이면 한 사람의 이발이 끝난다
그리고 만 원
하루 손님이 30명만 와줘도 30만 원
25일 일하면 750만 원
이것저것 제하고 300은 손에 쥐겠다
많은 것도 아니지만
하루 30명만 와준다면
나도 한 달에 한 번은 꼭 그 이발소로 가야겠다
고정 수입
그 리듬이 깨지지 않게

까르페 디엠
―CARPE DIEM

올 일 년이 마지막이라며 산다
그렇게 살아 보니
오늘 쓰는 시가 마지막 시이고
오늘 만나는 사람이 마지막 만나는 사람이고
오늘 먹는 밥이 마지막 밥이고
오늘 보는 산이 마지막 산이고
그랬더니
오늘 만난 사람이 고맙고
오늘 살아 있는 내가 고맙고
오늘 자는 잠이 고맙고

까르페 디엠
커피숍 간판이 눈앞에 걸려 있어
가다 말고 핸드폰에 담아 박산 시인에게 보낸다
그가 알아채고 시 많이 만나라는 답을 보내왔다
그러지 않아도 오늘 쓴 시가 여섯 편
아직 서너 편은 대기 중이고

왜 이렇게 시가 쏟아지는지 모르겠다
가다가 발을 멈추고 또 시를 쓴다
까르페 디엠
네가 고맙다

남의 무덤

지금 산언덕 공동묘지 어느 묘비 앞에 와 있다
살다 보면 자기도 모르게 죽음에 이르듯
무덤에 이르렀다
그저 조용한 데로 발길을 옮기다 보니
무덤에 이르렀다

경주 김공 봉상 요셉
아내는
문화 유씨 복현 아라
그들의 잔디는 따뜻하다
하늘엔 구름 한 점 없고
아마 내가 자리 잡고 앉아 있지 않았으면
이 두 분이 밖으로 나와
일광욕하기에 알맞은 시각이다
한여름이면 잔디밭에서 여치가 울고
메뚜기도 뛰어다닐 텐데
그런 것은 볼 수 없고

나만 있다
남의 무덤 앞에 나만 있다는 것이
무슨 대기병 같기도 하고
고독한 산 자 같기도 하고
오늘은 내가 애매하다

작은 무덤 큰 무덤

사람은 누구나 다 죽는다
그래서 공평하다
그래서 큰소리친다
죽음은 평등하다고
소리치고 돌아서 보면 다르다
누구는 체구도 작은데 큰 무덤에 들어 있고
누구는 체구가 큰데 작은 무덤에 들어 있다
들어 있는 체구는 말이 없다
내가 지나가다 무덤을 보고 하는 소리다
죽음은 평등이 아니라고
아무도 무덤을 찢고 일어나 내 말에 박수치는 죽음이 없다
아무도 없다

무연고

방학동 뒷산 공동묘지에
이런 현수막이 걸려 있다
'묘지 사용료를 성실히 납부합시다
체납된 묘는 무연고 처리됩니다'

무연고 처리
죽어서 서러운
무연고 처리
무연고 묘비 앞에 앉았기 민망해
내가 슬그머니 일어선다

열 번째 시

열 번째 시는 무엇일까
나도 내 시의 출처를 예측하기 어렵다
나는 나오는 대로 접수하고 제목을 달아
일기장에 저장할 뿐
나도 내일이면 잊어버릴 시
평생 따라다니며 부화하는 다산형 多産型
바퀴벌레만큼이나 풍작이다
오늘 열 편 낳고
내일은 한 편도 안 낳는다 해도
나는 거기에 매이지 않으니
모르겠다
그렇게 무관심할 수 있겠냐
내가 나를 무관심하고 있을 때에도
시는 나를 무관심하지 않았으니까

마지막 일 년 一年

콩은 찬물을 마시며 밤을 새우고
나는 고독을 마시며 별을 보네
어둠 속에서 자란 콩나물과
서러운 고독을 마시며 자란 시 나부랭이
음력 초이튿날 밤 둘이 만났을 때
숙명론자처럼 껴안고 흐느꼈지
올 한 해를 마지막 해로 정하고 살자고
콩나물도 내일부터는 밥상에 올라가 있이야
하지만
절대로 서러워 말자고
웃는 낯으로 생生을 마치자고
둘이서 맹세하다 날이 샜지
콩나물과 시 나부랭이는

조금 남아 있는 햇살

근린공원
벤치에 걸터앉은 햇살
나의 오늘의 양量과 비슷하다
그 옆에 앉아 햇살 만진다
잠시 후
햇살이 소리 없이 사라진다
나도 벤치에서 일어선다
지금 그런 상황이다

2월은 짧다
―2017년 2월 28일

2월은 짧다
가다가 만 것 같다
내 시도 2월엔 짧다
가다가 길을 잃은 것 같다

철원 오대미

철원 오대미를
압력솥에 넣고 버튼을 눌렀다
밥솥에서 30분이면 밥이 된다고 방송한다
30분 동안
나는 컴퓨터 앞에 앉아
'철원 오대미'라는 시를 쓴다
먹고 사는 것이 시다
하지만 설거지할 때는 시를 쓰지 못한다
그때는 '철원 오대미'를 머릿속에 넣고 씹는다
머리로 씹는 시
시도 씹어야 맛이 난다

연보

1929년 2월 21일	(음력, 호적상 10월 1일) 충남 서산에서 태어남
1949년	서산농림학교(6년) 졸업
1951~1954년	군 복무
1965~1969년	국제대학 영문학과 수학
1969~1970년	연세대학교 교육대학원 언어학과 중퇴
1954~1993년	중고등학교 교사 생활

시집

- 1955년 『산토끼』
- 1956년 『녹벽』
- 1957년 『동굴화』
- 1958년 『이발사』
- 1963년 『나의 부재』
- 1972년 『바다에 오는 이유』
- 1975년 『자기』
- 1978년 『그리운 바다 성산포』
- 1984년 『산에 오는 이유』
- 1987년 『섬에 오는 이유』
- 1987년 『시인의 사랑』
- 1988년 『나를 버리고』
- 1990년 『내 울음은 노래가 아니다』
- 1992년 『섬마다 그리움이』
- 1994년 『불행한 데가 닮았다』
- 1994년 『서울 북한산』

1995년 『동백꽃 피거든 홍도로 오라』
1995년 『먼 섬에 가고 싶다』
1997년 『일요일에 아름다운 여자』
1997년 『하늘에 있는 섬』
1998년 『거문도』
1999년 『외로운 사람이 등대를 찾는다』
2000년 『그리운 섬 우도에 가면』
2001년 『혼자 사는 어머니』
2001년 『개미와 베짱이』
2003년 『그 사람 내게로 오네』
2004년 『김삿갓, 시인아 바람아』
2006년 『인사동』
2007년 『독도로 가는 길』
2008년 『반 고흐, '너도 미쳐라'』
2009년 『서귀포 칠십리길』
2010년 『우이도로 가야지』
2011년 『실미도, 꿩 우는 소리』
2012년 『골뱅이@ 이야기』
2014년 『어머니의 숨비소리』
2016년 『섬 사람들』
2017년 『맹골도』
2018년 『무연고』

시선집	1999년 『시인과 갈매기』
	2004년 『저 별도 이 섬에 올 거다』
	2012년 『기다림』 육필시선집
시화집	1997년 『숲 속의 사랑』 사진 김영갑
	2002년 『제주, 그리고 오름』 그림 임현자
	2010년 『시와 그림으로 만나는 제주』 그림 임현자
	2012년 『시가 가고 그림이 오다』 그림 박정민
산문집 및 편저	1962년 『아름다운 천재들』
	1963년 『나는 나의 길을 가련다』
	1997년 『아무도 섬에 오라고 하지 않았다』
	2000년 『걸어다니는 물고기』
추천·수상	1969년 「제단」으로 《현대문학》을 통해 김현승 시인의 추천 등단
	1996년 『먼 섬에 가고 싶다』로 윤동주 문학상 수상
	2001년 제주도 명예도민이 됨
	2002년 『혼자 사는 어머니』로 상화(尙火) 시인상 수상
	2008년 도봉 문학상 수상

이생진 시집

무연고

초판 1쇄 인쇄일 2018년 11월 10일
초판 1쇄 발행일 2018년 11월 20일

시 / 이생진
펴낸이 / 박진숙
펴낸곳 / 작가정신
출판등록 / 1987년 11월 14일 (제1-537호)
책임편집 / 윤소라
디자인 / 용석재
마케팅 / 김미숙
홍보 / 박중혁
디지털 콘텐츠 / 김영란
관리 / 윤미경
주소 (10881) 경기도 파주시 문발로 314 2층
대표전화 031-955-6230 팩스 031-944-2858
이메일 mint@jakka.co.kr 블로그 blog.naver.com/jakkapub
페이스북 facebook.com/jakkajungsin 인스타그램 instagram.com/jakkajungsin

시 ⓒ 이생진, 2018
ISBN 979-11-6026-713-6 03810

이 책은 저작권법에 따라 보호받는 저작물이므로 무단 전재와 무단 복제를
금지하며, 이 책 내용의 전부 또는 일부를 이용하려면 반드시 저작권자와
도서출판 작가정신의 서면 동의를 받아야 합니다.
* 책값은 뒤표지에 있습니다.   * 잘못된 책은 바꾸어 드립니다.

> 이 도서의 국립중앙도서관 출판시도서목록(CIP)은 서지정보유통지원시스템 홈페이지(http://seoji.nl.go.kr)와 국가자료공동목록시스템(http://www.nl.go.kr/kolisnet)에서 이용하실 수 있습니다. (CIP제어번호 : CIP2018034477)